BEI GRIN MACHT SICH IHR WISSEN BEZAHLT

Bibliografische Information der Deutschen Nationalbibliothek:

Die Deutsche Bibliothek verzeichnet diese Publikation in der Deutschen National-
bibliografie; detaillierte bibliografische Daten sind im Internet über http://dnb.d-
nb.de/ abrufbar.

Impressum:

Copyright © 2019 GRIN Verlag
Druck und Bindung: Books on Demand GmbH, Norderstedt Germany
ISBN: 9783346009920

Dieses Buch bei GRIN:

https://www.grin.com/document/496807

Anonym

Erstellung eines Ausdauerplans. Beispiel einer dur-schnittlichen Probandin

GRIN Verlag

GRIN - Your knowledge has value

Der GRIN Verlag publiziert seit 1998 wissenschaftliche Arbeiten von Studenten, Hochschullehrern und anderen Akademikern als eBook und gedrucktes Buch. Die Verlagswebsite www.grin.com ist die ideale Plattform zur Veröffentlichung von Hausarbeiten, Abschlussarbeiten, wissenschaftlichen Aufsätzen, Dissertationen und Fachbüchern.

Besuchen Sie uns im Internet:

http://www.grin.com/

http://www.facebook.com/grincom

http://www.twitter.com/grin_com

312Deutsche Hochschule für

Prävention und Gesundheitsmanagement

Einsendeaufgabe

Fachmodul: Trainingslehre II

Studiengang: Fitnessökonomie

Datum

Präsenzphase: 03.06 – 05.06.2019

Matrikelnummer:

Name, Vorname:

Studienort:

Semester: **SS 2019**

Inhaltsverzeichnis

1. Diagnose

1.1 Allgemeine und biometrische Daten

Tabelle 1: Allgemeine Daten Probandin X

Messungen	Erhobene Daten
Alter	23
Geschlecht	weiblich
Körpergröße	172 cm
Körpergewicht	61 kg
Trainingsmotive	Allgemeine Fitness verbessern, Körperfett-anteil reduzieren, Ästhetik verbessern
Berufliche Tätigkeit	35h/ Woche im Einzelhandel, 15h Kellnern am Wochenende
Frühere sportliche Aktivitäten	Keine
Aktuelle sportliche Aktivitäten	Krafttraining
-Trainingsumfang	2 – 3x wöchentlich 2h
-Trainingsdauer	Seit 6 Jahren
-Leistungsstufe	Geübt - Fortgeschritten
Zeitlicher Verfügungsrahmen	2 – 3x wöchentlich für jeweils 1 – 2h

Tabelle 2: Blutdruckklassifikation der American Heart Association (modifiziert nach Mancia et al., 2003, S.1286)

Bewertungsstufen	Systolischer Blutdruck	Diastolischer Blutdruck
Normalblutdruck (Normotonie)		
Optimal	< 120 mmHg	< 80 mmHg
Normal	< 130 mmHg	< 85 mmHg
Hochnormal	130-139 mmHg	85-89 mmHg
Bluthochdruck (arterielle Hypertonie)		
Stufe 1	140-159 mmHg	90-99 mmHg
Stufe 2	160-179 mmHg	100-109 mmHg
Stufe 3	> 180 mmHg	> 110 mmHg

Tabelle 3: Biometrische Daten Probandin X

Messungen/ physiologische Charakteristika	Erhobene Werte	Normwerte	Auswertung
Blutdruck	116/ 69 mmHg	120/80 mmHg	optimal
Ruhepuls	75 S/Min.	60-80 S/Min.	optimal
Allgemeiner Gesundheitszustand			
-Orthopädische Probleme	Keine		
-Internistische Probleme	Keine		
-Ärztliche Behandlungen	Keine		
-Medikamenteneinnahme	Keine		
Körperzusammensetzung (modifiziert nach WHO)			
Körperfettanteil	21,6%	20-30%	
Body-Mass-Index	20,6	18,5-24,9	
Sauerstoffaufnahme	0,304 l/Min	Ca. 0,35 l/Min	

1.2 Leistungsdiagnostik/Ausdauertestung

1.2.1 Begründung des ausgewählten Fahrradergometertest nach WHO

Die Auswertung der ermittelten allgemeinen und biometrischen Daten zeigen, dass Probandin X eine gute körperliche Belastbarkeit besitzt, jedoch aufgrund ihrer primär im Kraftsport gesammelten Erfahrungen eine sehr geringe bis gar keine Grundlagenausdauer besitzt. Bei einer Größe von 172cm und 61kg Körpergewicht hat sie einen BMI von 21,6 kg/m und liegt dabei im mittleren Bereich des Normalgewichtes. Ihr Körperfettanteil von 21,6% liegt ebenso im Normalbereich. Beim Blick auf den Blutdruck sowie den Ruhepuls lassen sich ebenfalls keine Einschränkungen vorfinden, es sei aber angemerkt, dass der Ruhepuls von 73 S/Min im unteren Durschnitt liegt, was an der primären Ausführung des Kraftsports ohne Ausdauertraining (AT) liegt. Auch die Pressatmung während des Krafttrainings übt hierbei einen Einfluss aus, vor allem bei der Sauerstoffaufnahme. Durch die oben beschriebene Diagnose habe ich mich für den WHO-Test nach der Weltgesundheitsorganisation entschieden, welcher zu den Standardtests gehört und ziehe zur Voreinstufung den IPN-Test heran. Da der Vita-Maxima-Test sowie der Hollmann/Venrath Test (H&V Test) bei bereits Trainierten bzw. Leistungssportlern angewendet wird, sind diese hier eher ungeeignet. Laut Trunz (2001, IPN,2004, S.4) liegt die Pulsobergrenze meiner

Probandin bei 145 S/Min. An diesem Wert werden wir uns im ausgewählten Fahrrader-gometertest orientieren und bei Beenden des Tests mit der Norm-Soll-Leistungstabelle modifiziert nach IPN (2004, S.8) vergleichen. Diese wird uns helfen die genaue Ausdau-erleistungsfähigkeit für Probandin X zu ermitteln und mit dieser weiterzuarbeiten.

1.2.2 Testverlauf mit Testprotokoll

Der Beginn des Ausdauertests wird eingeläutet indem sich die Testperson so auf den Fahrradergometer setzt, dass der Rücken während der gesamten Ausführung gerade bleibt, die Beine nicht durchgestreckt sind und der Sitz ca. auf Hüfthöhe liegt.

Bevor es dann tatsächlich in den Ausdauertest geht wird die Testperson zuvor noch zu dem Thema Abbruchkriterien, sprich unter anderem subjektive Beschwerden oder offen-sichtliche Beschwerden wie Blässe und Schweiß (Steinacker, Liu & Reißnecker, 2002, S.228).

Der Test beginnt bei 25 Watt und wird alle 2 Minuten um weitere 25 Watt gesteigert, hierzu wird minütlich die Herzfrequenz mit einem Brustgurt von Polar gemessen, an der Puls Uhr abgelesen und schriftlich in Tabelle 5 festgehalten.

Alter / Hf$_{Ruhe}$	< 20	20-29	30-39	40-49	50-59	60-69	> 70
< 50 S/min	140 S/min	135 S/min	130 S/min	125 S/min	115 S/min	110 S/min	105 S/min
50-59 S/min	145 S/min	140 S/min	135 S/min	125 S/min	120 S/min	115 S/min	110 S/min
60-69 S/min	145 S/min	145 S/min	135 S/min	130 S/min	125 S/min	120 S/min	115 S/min
70-79 S/min	150 S/min	145 S/min	140 S/min	135 S/min	130 S/min	125 S/min	120 S/min
80-89 S/min	155 S/min	150 S/min	145 S/min	140 S/min	135 S/min	125 S/min	125 S/min
> 90 S/min	160 S/min	155 S/min	150 S/min	145 S/min	135 S/min	130 S/min	125 S/min

Abbildung 1: Voreinstufung nach Ruhefrequenz und Lebensalter (modifiziert nach Trunz, 2001, IPN, 2004, S. 4)

Tabelle 4: Radergometertestrelevante Parameter

Testperson: Probandin X, weiblich,	
Alter	23 Jahre
Gewicht	61 kg
Ruhepuls	75 S/Min
Blutdruck	123/79 mmHg
Test Form	Submaximaler WHO-Test
Eingangsbelastung	25 Watt
Stufendauer	2 Min.
Pulsobergrenze	145 S/Min (vgl. Tabelle 4)
Belastungssteigerung	25 Watt
Abbruchgrenze	197 S/Min
Trittfrequenz	60-80 U/Min.

Tabelle 5: Testprotokoll Probandin X (Herzfrequenz in Abhängigkeit von der Wattleistung und Zeit)

Eingangstest – 01.06.2019		
Minute	Wattleistung	Herzfrequenz
1	25	81 S/Min.
2	25	86 S/Min.
3	50	94 S/Min.
4	50	99 S/Min.
5	75	108 S/Min.
6	75	115 S/Min.
7	100	118 S/Min.
8	100	125 S/Min.
9	125	132 S/Min.
10	125	141 S/Min.
11	150	149 S/Min.
Watt gesamt: 131,25 Watt	Watt/Kg: 2,1	
Bewertung nach Normtabelle: guter Durschnitt		

Faktor/Alter	< 30	30-34	35-39	40-44	45-49	50-54	55-59	ab 60	Bewertung
0,50	1,15	1,09	1,04	0,98	0,92	0,86	0,81	0,75	- -
0,51	1,2	1,14	1,08	1,02	0,96	0,90	0,84	0,78	- -
0,52	1,25	1,19	1,13	1,06	1,00	0,94	0,88	0,81	- -
0,53	1,3	1,24	1,17	1,11	1,04	0,98	0,91	0,85	- -
0,54	1,35	1,28	1,22	1,15	1,08	1,01	0,95	0,88	- -
0,55	1,40	1,33	1,26	1,19	1,12	1,05	0,98	0,91	-
0,56	1,45	1,38	1,31	1,23	1,16	1,09	1,02	0,94	-
0,57	1,50	1,43	1,35	1,28	1,20	1,13	1,05	0,98	-
0,58	1,55	1,47	1,40	1,32	1,24	1,16	1,09	1,01	-
0,59	1,60	1,52	1,44	1,36	1,28	1,20	1,12	1,04	-
0,60	1,70	1,62	1,53	1,45	1,36	1,28	1,19	1,11	Ø
0,61	1,80	1,71	1,62	1,53	1,44	1,35	1,26	1,17	Ø
0,62	2,00	1,90	1,80	1,70	1,60	1,50	1,40	1,30	Ø
0,63	2,10	2,00	1,89	1,79	1,68	1,58	1,47	1,37	+
0,64	2,30	2,19	2,07	1,96	1,84	1,73	1,61	1,50	+
0,65	2,40	2,28	2,16	2,04	1,92	1,80	1,68	1,56	+
0,66	2,60	2,47	2,34	2,21	2,08	1,95	1,82	1,69	+ +
0,67	2,80	2,66	2,52	2,38	2,24	2,10	1,96	1,82	+ +
0,68	3,00	2,85	2,70	2,55	2,40	2,25	2,10	1,95	+ +
0,69	3,20	3,04	2,88	2,72	2,56	2,40	2,24	2,08	+ +
0,70	3,40	3,23	3,06	2,89	2,72	2,55	2,38	2,21	+ +

Abbildung 2:Normtabelle für submaximale Radergometertests - Relative Watt-Soll-Leistung (Watt pro kg) bei Frauen (modifiziert nach IPN, 2004, S. 8)

1.2.3 Auswertung der Testergebnisse

Die Auswertung des Testprotokolls zeigt eine Watt-Soll-Leistung von 2,1 Watt/kg Körpergewicht bei der Testperson. Die Probandin hat insgesamt 4 Belastungsstufen komplett durchlaufen und nach 11 Minuten und 30 Sekunden ihre Pulsobergrenze von 145 S/Min. erreicht. Da die sechste Stufe nur zu ¼ durchlaufen wurde, nimmt man die 25 Watt pro Belastungsstufe, teilt diese durch 4 und bekommt 6,25 Watt heraus, welches man auf die erreichte Stufe draufrechnet und die Gesamtwattleistung rausbekommt. In unserem Fall sind das 125 Watt + 6,25 Watt, mit einer Gesamtleistung von 131,25 Watt. Teilt man diese wiederrum durch das Körpergewicht von 61kg erhalten wir die relative Wattleistung von 2,1Watt/kg. Beim Vergleichen mit der Norm-Soll-Tabelle (vgl. Abb. 2) stellt sich heraus, dass Probandin X eine Ausdauerfähigkeit im guten durchschnittlichen Bereich besitzt, und somit eine gute Voraussetzung für eine Leistungssteigerung mit sich bringt.

1.3 Gesundheits- und Leistungsstatus der Person

Abschließend lässt sich anhand der Diagnose und der Testergebnisse die Belastbarkeit bzw. die Trainierbarkeit der Probandin ableiten.

Die Auswertung zeigt keine Auffälligkeiten sowie Einschränkungen der Probandin.

Blutdruck und Ruhepuls sind beide im optimalen Bereich (Vgl. Tab. 2) und das Training kann ohne Bedenken im Laufe der Zeit gesteigert werden. Die Testperson besitzt ein hervorragendes Potential zur Ökonomisierung.

2. Zielsetzung/Prognose

Tabelle 6: Zielsetzung Person X

Zielsetzung 1	
Inhalt	Allgemeine "Fitness" verbessern, Entwicklung & Stabilisierung Grundlagenausdauer, physiologische Ökonomisierung ⇒ Steigerung Wattleistung
Ausmaß	0,2 Watt / Kg Körpergewicht, von 2,0 Watt/Kg auf 2,2 Watt/Kg
Zeit	6 Wochen
Zielsetzung 2	
Inhalt	Reduzierung des Körperfettanteils aus rein ästhetischen Gründen
Ausmaß	Ca. 2,5 Kg bei einer theoretischen KFA-Reduzierung von 200g / Woche (Reiß, Fikenzer 2013b, S. 41)
Zeit	6 Wochen
Zielsetzung 3	
Inhalt	Senkung Ruhepuls
Ausmaß	1 S/Min in Woche 1-8, 0,5 S/Min in Woche 9-16
Zeit	4 Wochen

2.1 Erklärung Zielsetzung

Eine klar definierte Zielsetzung ist essenziell für die Trainingsplanung und das Erreichen der Ziele. Auch wenn die intrinsische Motivation zu Beginn immer sehr hoch liegt, lässt sich doch immer nach einigen Wochen eine Abnahme der Motivation beobachten.

„ Ziele motivieren überhaupt erst Verhalten..." (Freund, 2003), sodass wir nach einem umfangreichen Eingangsgespräch, die in Tab. 1 noch eher ungenauen und allgemeinen Ziele in 1 Hauptziel, 1 Teilziel und 1 Feinstziel unterteilen konnten. Diese werden der Probandin helfen ihre Motivation systematisch aufrechtzuerhalten, die Ziele werden messbar gestaltet und der Erfolg schlussendlich überprüfbar.

1. Zielsetzung

Das Hauptziel „ Allgemeine Fitness verbessern" (Vgl. Tab. 1) wird die Probandin die gesamten 6 Wochen über begleiten und stellt das übergeordnete Ziel dar.

Während des Eingangsgespräches wurden unter anderem erwähnt, dass die Probandin gerne Treppensteigen möchte ohne "direkt aus der Puste zu sein".

Ausdauer bzw. die allgemeine Grundlagenausdauer wird als „optimale Anpassung des Sauerstoffverbrauchs der Muskulatur an die geforderte Leistung"(Voll, 2002, S. 40) definiert. Laut Voll entwickelt sich diese am Besten „wenn sich der Körper während des Trainings im Sauerstoffgleichgewicht befindet ,, (2002, S. 40)

Steigt die Probandin also Treppen, befindet sie sich nicht gleich im Training, ihre Atemfrequenz steigt aber dennoch an. Sie kommt "aus der Puste". Ziel Nr. 1 ist somit die Stabilisierung und Verbesserung der allgemeinen Grundlagenausdauer oder umgangssprachlich, die Verbesserung der allgemeinen Fitness.

2. Zielsetzung

Das Ziel der Körperfettreduzierung, trotz einer Einstufung als normal bzw. gesund (Vgl. Abb. 3) ist mehr ästhetischer Natur. Laut Reiß und Fikenzer ist es möglich eine KFA-Reduzierung von ca. 200-250g Fett pro Woche zu erreichen. Da die Probandin bei einer zu starken Senkung im niedrigen KFA-Bereich liegt bzw. im ungesunden Bereich, halten wir nur 180g Fett pro Woche fest und kommen dabei auf insgesamt 1 Kg Fett in den gesamten 6 Wochen. Hintergründig soll der Körper lernen während aerober Ausdauereinheiten seine Energiebereitstellung aus Kohlenhydraten und Fetten zu gewinnen, was dazu führt, dass sich die Probandin im Stoffwechselmodus der Fettverbrennung befindet, dies wird dazu führen, dass der Körper auch in Ruhe fette abbauen kann (Vgl. Abb.4). Natürlich spielt hierbei auch die Ernährung eine sehr entscheidende Rolle, dies sei aber nur am Rande angemerkt und wird bei dieser Trainingsplanung ausgelassen.

Alter (Jahre)	KFA Frauen			
	niedrig	normal	hoch	sehr hoch
20-39	< 21 %	21-33 %	33-39 %	≥ 39 %
40-59	< 23 %	23-34 %	34-40 %	≥ 40 %
60-79	< 24 %	24-36 %	36-42 %	≥ 42 %

Abbildung 3: Abbildung 3: Klassifikation des Körperfettanteils für erwachsene Frauen bis 79 Jahre (Gallagher et al., 2000)

Stoffwechselmodus:

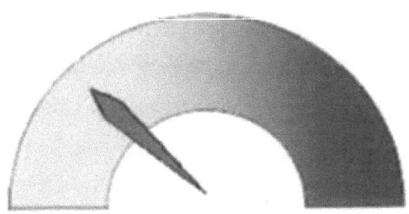

Kohlenhydratverbrennung   Fettverbrennung

Abbildung 4: Aktueller Stoffwechselstatus Probandin X, durchgeführt mit einem cardioscan

3. Zielsetzung

Die letzte Zielsetzung und damit auch die Feinstzielsetzung ist kurzfristig erreichbar und bezieht sich in den meisten Fällen auf einzelne Trainingseinheiten.

Hier hat sich nach dem Eingangsgespräch und einer ausführlichen Beratung der Wunsch nach einer Reduzierung des Ruhepulses herauskristallisiert. Da das Herz ein Muskel ist, der aus Gründen der Lebenserhaltung nonstop arbeiten muss, ist es folglich logisch, dass ein erhöhter Ruhepuls das Herz fordert mehr Blut durch den Körper zu pumpen als zwingend notwendig und folglich bringt dies viele gesundheitliche Vorteile mit sich. Das Ausdauertraining bringt folglich vorteilhafte physiologische Anpassungserscheinungen wie zum Beispiel eine niedrigere Herzfrequenz. Laut Reiß & Fikenzer (2013, S.41) ist es durchaus realistisch eine Senkung von 0,5 S/Min. pro Woche zu erreichen, sodass wir den Ruhepuls in den ersten 4 Wochen bereits um ganze 2 S/Min. von 73 S/Min. auf 71 S/Min. gesenkt haben wollen. Idealerweise wird sich der Ruhepuls im weiteren Trainingsverlauf natürlicherweise senken.

3. Trainingsplanung Mesozyklus

3.1 Grobplanung Mesozyklus

Tabelle 7: Grobplanung Mesozyklus 1-4, Probandin X

Mesozyklus	
Dauer	6 Wochen
Übergeordnete spezifische Trainingsziel-setzung	Stabilisierung Grundlagenausdauer (GA 1), Weiterentwicklung. Grundlagenausdauer (GA 2), KFA-Reduzierung, Senkung Ruhe-puls
Gesamttrainingsumfang / Woche in Minuten	180-240 Minuten insgesamt
Trainingsmethoden	extensive Dauermethode variable Dauermethode extensive Intervallmethode
Belastungsintensitäten	50-60% Hfmax $\Rightarrow$ regenerativ 60-75% Hfmax $\Rightarrow$ extensiv 70-85% Hfmax $\Rightarrow$ variabel 80-90% Hfmax $\Rightarrow$ intensiv
Pulsober- und -untergrenzen	98,5-118,2 S/Min. $\Rightarrow$ regenerativ 118,2-147,8 S/Min. $\Rightarrow$ extensiv 137,9-167,45 S/Min. $\Rightarrow$ variabel 157,6-177,3 S/Min $\Rightarrow$ intensiv
Trainingshäufigkeit / Woche	3
Trainingsdauer / Einheit	30 Minuten $\Rightarrow$ regenerativ 60-75 Minuten $\Rightarrow$ extensiv 45-60 Minuten $\Rightarrow$ variabel 30 Minuten $\Rightarrow$ intensiv
Trainingsgeräte	Crosstrainer, Laufband, freies Laufen

3.2 Detailplanung Mesozyklus

Tabelle 8: Detailplanung Mesozyklus Woche 1-4, Probandin X

Woche 1	So	Di	Do
Trainingsziel	GA1	REKOM	GA1
Tr.-Methode	Extensive DM	Extensive DM	Extensive DM
Tr.-Intensität	60-70% Hfmax	50-60% Hfmax	60-70% Hfmax
Herzfrequenz	118,2-137,9 S/Min.	98,5-118,2 S/Min.	128,1-137,9 S/Min.
Tr.-Dauer	60 Minuten	30 Minuten	60 Minuten
Tr.-Gerät	Crosstrainer	Laufband/freies Laufen	Crosstrainer
Woche 2	So	Di	Do
Trainingsziel	GA1	REKOM	GA1
Tr.-Methode	Extensive DM	Regenerative DM	Extensive DM
Tr.-Intensität	60-70% Hfmax	50-60% Hfmax	60-70% Hfmax
Herzfrequenzen	118,2-137,9 S/Min.	98,5-118,2 S/Min.	128,1-137,9 S/Min.
Tr.-Dauer	75 Minuten	45 Minuten	75 Minuten
Tr.-Gerät	Crosstrainer	Laufband/freies Laufen	Crosstrainer
Woche 3	So	Di	Do
Trainingsziel	GA1	GA2	REKOM
Tr.-Methode	Extensive DM	Variable DM	Extensive DM
Tr.-Intensität	60-70% Hfmax	70-80% Hfmax	50-60% Hfmax
Herzfrequenzen	118,2-137,9 S/Min.	137,9-157,6 S/Min.	98,5-118,2 S/Min.
Tr.-Dauer	75 Minuten	45 Minuten	60 Minuten
Tr.-Gerät	Crosstrainer	Laufband	Laufband/freies Laufen
Woche 4	So	Di	Do
Trainingsziel	GA1	GA2	REKOM
Tr.-Methode	Extensive DM	Variable DM	Extensive DM
Tr.-Intensität	60-70% Hfmax	70-80% Hfmax	50-60% Hfmax
Herzfrequenzen	118,2-137,9 S/Min.	137,9-157,6 S/Min.	98,5-118,2 S/Min.
Tr.-Dauer	90 Minuten	45 Minuten	60 Minuten
Tr.-Gerät	Crosstrainer	Laufband/freies Laufen	Crosstrainer
Woche 5	So	Di	Do
Trainingsziel	GA2	REKOM	GA2
Tr.-Methode	Extensive IM	Extensive DM	Variable DM

Tr.-Intensität	80-90% Hfmax	50-60% Hfmax	70-85% Hfmax
Herzfrequenzen	157,6-177,3 S/Min.	98,5-118,2 S/Min.	137,9-167,5 S/Min.
Tr.-Dauer	30 Minuten	45 Minuten	60 Minuten
Tr.-Gerät			
Woche 6	So	Di	Do
Trainingsziel	GA2	REKOM	GA2
Tr.-Methode	Extensive IM	Extensive DM	Variable DM
Tr.-Intensität	80-90% Hfmax	50-60% Hfmax	70-85% Hfmax
Herzfrequenzen	157,6-177,3 S/Min.	98,5-118,2 S/Min.	137,9-167,5 S/Min.
Tr.-Dauer	30 Minuten	45 Minuten	60 Minuten
Tr.-Gerät			

3.3. Begründung zum Mesozyklus

Der in Tabelle 7 & 8 gezeigte Mesozyklus richtet sich ganz nach den den Wünschen bzw. nach den Zielsetzungen und dem Arbeitsalltag der Probandin X. Durch die Arbeit im Einzelhandel und der Arbeit am Wochenende als Kellnerin ist die Probandin zeitlich relativ eingeschränkt, sodass wir uns für Ausdauereinheiten an jedem Sonntag, Dienstag und Donnerstag geeinigt haben. Da eine gewisse Grundmotivation oder auch Leistungsbereitschaft seitens der jungen, trainierbaren und belastbaren Probandin besteht, wird in den ersten 4 Wochen hauptsächlich die Grundlagenausdauer (GA1) durch die extensive aerobe Dauermethode aufgebaut (Haber, 2018), dann durch die variable Dauermethode (GA2) stabilisiert und entwickelt bis dann in den letzten zwei Wochen durch die extensive Intervallmethode die Fettverbrennung nochmal richtig angekurbelt werden soll und die Trainingseinheiten intensivieren soll. Vor allem der bekannte Nachbrenneffekt, mit dem maximal noch 180 kcal nach dem Intervalltraining verbrannt werden können (Schmid et al., 2011) wird hier angestrebt. Da die Probandin durch die Arbeit, den Nebenjob als Kellnerin und dem Krafttraining zeitlich eingeschränkt ist, wurde statt der Trainingshäufigkeit die Belastungsdauer für 15 Minuten mehr pro Woche kontinuierlich gesteigert. Hier machen wir uns das Prinzip des trainingswirksamen Reizes zu nutzen, welches aussagt, dass das Trainingsziel das Überschreiten der trainingswirksamen Mindestreizschwelle von ca. 60-65% Hfmax ist (ACSM, 2006b). Um die maximale Herzfrequenz zu errechnen, wird die Faustformel Hfmax (Laufen)= ca. 220 – Lebensalter (LA) (ACSM, 1998c, S.975) herangezogen. Das ergibt bei einem Alter von 23 Jahren eine maximale Herzfrequenz von 197 S/Min. Je nach Trainingsmethode wird dieser Wert nun zur Errechnung der Trainingsherzfrequenz, ebenso nach der ACSM, benutzt, welche lautet wie folgt: Thf = Hfmax x Intensität in % (ACSM, 2006b, S. 341). Da zu Beginn des Mesoyzyklus der Aufbau der Grundlagenausdauer im Vordergrund steht bewegen wir uns bei einer Intensität von 60-70% Hfmax und damit bei der extensiven Dauermethode (DM). Mit 60 Minuten liegt dies laut Zintl & Eisenhut (2001) an der 2-3 mmol/l Laktatgrenze und ist damit täglich ausübbar und braucht nur ca. 24 Stunden Regenerationszeit (Zintl & Eisenhut, 2001). Um eine Überanstrengung zu vermeiden, wird zwei Tage später eine regenerative Trainingseinheit vollzogen.

Bei 80-90% Hfmax spricht man von der extensiven Intervallmethode (IM) mit Mittelzeitintervallen mit einer Dauer von 1-3 Minuten (Zintl & Eisenhut). Wie in der Zielsetzung bereits genannt ist auch die KFA-Reduzierung bzw. der Wechsel des Stoffwechselmodus von Kohlenhydratverbrennung zu Fettverbrennung ein Wunsch der Probandin, sodass man nach 4-wöchigem Aufbau der Grundlagenausdauer die Trainingsherzfrequenz so angehoben wird, dass die Intensität einerseits über der Minimalintensität liegt, auf der anderen Seite aber unterhalb des Bereiches, in dem die Fettsäurenmobilisation aus dem subkutanen Depots blockiert wird (Haber, 2017).

Die in der Grobplanung angegebenen 4 Belastungsintensitäten sollen die Grundlagenausdauer aufbauen (extensive DM), während die GA2 stabilisieren und verbessern indem die Belastungsintensität von anfänglichen 50-60% Hfmax bis auf 80-90% Hfmax gesteigert wird. Die variable Dauermethode soll die Probandin langsam an die extensive IM heranführen bzw. vorbereiten.

Zur Auswahl der Ausdauergeräte lässt sich sagen, dass die Probandin uneingeschränkt belastbar und trainierbar ist, sodass außer dem Spaßfaktor und der persönlichen Präferenzen auch in der Auswahl keine Einschränkungen bestehen. Der Crosstrainer kommt vom Bewegungsablauf dem Laufband bzw. dem freien Joggen am Nächsten, sodass sich dieser hervorragend für den Einstieg eignet. Der Crosstrainer hat unter anderem einen hohen Energieverbrauch, stellt ein Ganzkörpertraining da und ist gelenkschonend (Gottschall & Heilig, 2000). Der Wechsel zum Joggen bzw. Laufband wird teils wetterabhängig und teils nach der persönlichen Vorliebe der Probandin entschieden. Entscheidend bei beiden ist, dass es sich hierbei auch um ein Ganzkörpertraining handelt, mit hohem Energieverbrauch und hoher Beteiligung mehrerer Muskelgruppen (Zeni, Hoffman, & S Clifford, 1996)

4. Literaturrecherche

Tabelle 9: Vergleich zweier Primärstudien zum Thema Effekte des Ausdauertrainings bei Überge-
wicht/Adipositas

	Primärquelle 2	Primärquelle 1
Titel	"Endurance training per se increases metabolic health in young, moderately over-weight men." (Freund, 2003)	"Effects of resistance ver-sus endurance training on serum adiponectin and in-sulin resistance index." (Ahmadizad, Haghighi, & Hamedinia, 2007)
Autoren	Nordby P[1], Auerbach PL, Rosenkilde M, Kristian-sen L, Thomasen JR, Rygaard L, Groth R, Brandt N, Helge JW, Richter EA, Ploug T, Stallknecht B	Ahmadizad S[1], Haghighi AH, Hamedinia MR.
Publikationsjahr	Nov, 2012	Nov, 2007
Publikationsort	Obesity (Silver Spring, Md.)	Eur J Endocrinol
Forschungsthematik	Vergleich zwischen der Ef-fekte eines Ausdauertrai-nings und der Effekte einer hypokalorischen Diät auf die Gewichtsabnahme	Vergleich zwischen der Ef-fekte von Krafttraining und Ausdauertraining auf Se-rum-Adiponectin und den Insulinresistenzindex
Versuchspersonen	Insgesamt 48 überwiegend sitzende und leicht überge-wichtige Männer	Insgesamt 24 gesunde Männer zwischen 35-48 Jahren
Versuchsaufbau	Probanden wurden in 3 Gruppen unterteilt, Gruppe (T) absolvierte 12 wöchiges Trainingsprogramm mit ei-nem Kaloriendefizit von 600 kcal/Tag, Gruppe (D) voll-zog eine hypokalorische Diät mit einem Defizit von 600 kcal/Tag, Gruppe (T-iD) aß hyperkalorisch, 600 kcal/Tag mehr, und bekam Training verschrieben,	Probanden wurden in 3 Gruppen unterteilt, Gruppe 1 (n=8) sollte ausschließlich Ausdauertraining machen, Gruppe 2 (n=8) nur Kraft-training und die Kontroll-gruppe 3 (n=8) verlieb ohne jegliches Training, Blut wurde auf nüchternem Ma-gen von allen Gruppen ent-nommen, Gruppe 1 und 2 vollzogen ihr Training an 3

16

	Gruppe (C) bestand aus der Kontrollgruppe	Tagen pro Woche, 12 Wochen lang, Gruppe 1 lief durchgehend bei einer Belastungsintensität von 75-85% der Hfmax, während Gruppe 2 4 Sätze im Kraftzirkel an 11 Stationen bei einer Belastungsintensität von 50-60% des 1RM-Tests absolvierte
Versuchsergebnis	Gruppe T und D verloren beide an Körpermasse (5,3kg+/-0,7kg), Gruppe T-iD und C konnten ihr Gewicht halten, die Reduzierung der Fettmasse hat die Leberinsulinempfindlichkeit bei allen Gruppen gesteigert	Es bestand ein negativer Zusammenhang zwischen dem Serum-Adiponectin und dem Körperfettanteil sowie dem BMI, das Serum-Adiponectin hat sich in Folge des Trainings nicht verändert
Konklusion	Ausdauertraining verbessert verschiedene metabolische Parameter und sollte Teil jeden Interventionsschemas sein, das eine Verbesserung der metabolischen Gesundheit bei mittelmäßig übergewichtigen Männern anstrebt.	Ausdauer – sowie – Krafttraining haben beide einen positiven Effekt auf die Insulinresistenz bei gesunden Männern, diese Verbesserung wurde jedoch nicht von der Erhöhung des Adiponectin-Levels begleitet

5. Literaturverzeichnis

1. Ahmadizad, S., Haghighi, A. H., & Hamedinia, M. R. (2007). Effects of resistance versus endurance training on serum adiponectin and insulin resistance index. *European Journal of Endocrinology, 157*(5), 625–631. https://doi.org/10.1530/EJE-07-0223

Amelung, P. (2009). Medizinische Trainingstherapie. In K. Niemier & W. Seidel (Hrsg.), *Funktionelle Schmerztherapie des Bewegungssystems* (S. 131–141). https://doi.org/10.1007/978-3-540-88799-7_12

Freund, A. M. (2003). Die Rolle von Zielen für die Entwicklung. *Psychologische Rundschau, 54*(4), 233–242. https://doi.org/10.1026//0033-3042.54.4.233

Haber, P. (2017). *Leitfaden zur medizinischen Trainingsberatung: Rehabilitation bis Leistungssport.* Springer-Verlag.

Haber, P. (2018). Trainingsmethoden. In P. Haber (Hrsg.), *Leitfaden zur medizinischen Trainingsberatung: Rehabilitation bis Leistungssport* (S. 165–192). https://doi.org/10.1007/978-3-662-54321-4_10

Nordby, P., Auerbach, P. L., Rosenkilde, M., Kristiansen, L., Thomasen, J. R., Rygaard, L., … Stallknecht, B. (2012). Endurance training per se increases metabolic health in young, moderately overweight men. *Obesity (Silver Spring, Md.), 20*(11), 2202–2212. https://doi.org/10.1038/oby.2012.70

Roskamm, H., & Meyer, K. (1996). Arbeitsweise des gesunden Herzens. In Helmut Roskamm & H. Reindell (Hrsg.), *Herzkrankheiten: Pathophysiologie Diagnostik Therapie* (S. 115–130). https://doi.org/10.1007/978-3-642-97605-6_7

Schmid, P., Eder, B., Wonisch, M., Geissler, D., Tschan, H., Pokan, R., … Berent, R. (2011). Gewichtsreduktion durch Nachbrenneffekte? *Sport- und Präventivmedizin, 41*(4), 15–20. https://doi.org/10.1007/s12534-011-0210-7

Voll, B. (2002). *Fitness für Beruf und Karriere.* Haufe-Lexware.

Zeni, A., Hoffman, M., & S Clifford, P. (1996). Energy expenditure with indoor exercise machines. *JAMA : the journal of the American Medical Association*, *275*, 1424–1427. https://doi.org/10.1001/jama.275.18.1424

6. Abbildungs- und Tabellenverzeichnis

6.1 Abbildungsverzeichnis

6.2 Tabellenverzeichnis

BEI GRIN MACHT SICH IHR WISSEN BEZAHLT

- Wir veröffentlichen Ihre Hausarbeit,
  Bachelor- und Masterarbeit

- Ihr eigenes eBook und Buch -
  weltweit in allen wichtigen Shops

- Verdienen Sie an jedem Verkauf

Jetzt bei www.GRIN.com hochladen und kostenlos publizieren